ce livre
appartient
à

....

....

Enid Blyton

Le fauteuil magique n'est pas à vendre

Adapté de l'anglais par Anne Blanchet

Illustrations de Boiry

Hachette

L'ÉDITION ORIGINALE DE CET OUVRAGE
A PARU EN LANGUE ANGLAISE CHEZ
GEORGE NEWNES LIMITED, LONDRES, 1937,
SOUS LE TITRE :

ADVENTURES OF THE WISHING CHAIR
(part 4)

Hachette, 79, boulevard Saint-Germain, Paris VIe

Entrés ce jour-là dans une boutique d'antiquités acheter un cadeau d'anniversaire à maman, Luc et sa sœur Judith ne se doutaient pas qu'ils vivaient le début d'une grande aventure. Un curieux petit homme les avait servis. Quand d'une pile de boîtes, il s'était mis à tirer les choses les plus extraordinaires, les deux enfants avaient pris peur. Posé dans un coin, un vieux fauteuil leur tendait les bras. Ils s'y étaient jetés, regrettant bien de ne pas être en sécurité à la maison. C'est à ce moment que tout avait commencé...

Le fauteuil a-t-il compris leur souhait ? Voilà que de petites ailes rouges poussent à chacun de ses pieds, qu'il

s'envole dans les airs et transporte Luc et Judith stupéfaits jusqu'à leur salle de jeux, leur domaine réservé au fond du jardin. Alors, ses petites ailes disparaissent : il a choisi de rester avec eux.

Posséder un fauteuil magique, quel bonheur! Désormais, dès que de nouveau se déploient ses ailes, ils partent pour des voyages merveilleux. Un jour, du château d'un géant, ils ramènent le lutin Farfadet, leur nouvel ami, et Farfadet, lui aussi, a décidé de rester vivre dans la salle de jeux. Plus de risque de rater une aventure! Le lutin est là pour les prévenir, dès que poussent les petites ailes. Mais attention : le fauteuil, les beaux voyages, le lutin, tout cela doit rester secret. Les grandes personnes n'en doivent rien savoir.

Chapitre 1

Le magicien Ronchon

Un jour, Luc et Judith trouvèrent Farfadet en train de lire une lettre dans la salle de jeux. Il poussait des exclamations et des plaintes bruyantes.

« Que se passe-t-il, Farfadet ? demandèrent les enfants étonnés.

— J'ai reçu une lettre de mon cousin Gobo, répondit le lutin. Il m'écrit que son village est très malheureux depuis qu'un drôle de magicien est venu s'y installer ; c'est un type désagréable qu'on appelle Ronchon, parce qu'il ronchonne à tout bout de champ quand il marche dans la rue. Il attrape les lutins pour en faire ses serviteurs et il jette des sorts à tous ceux qui s'opposent à lui. Quelle terrible nouvelle !

— Pauvre Farfadet, pouvons-nous faire quelque chose ?

— Je ne pense pas, répondit tristement le lutin. Mais j'aimerais bien me rendre là-bas dès que le fauteuil magique aura des ailes, si cela ne vous ennuie pas.

— Pas du tout », répondirent les enfants.

Au même instant, Judith poussa un cri de surprise en

montrant le fauteuil du doigt.

« Regardez, ses ailes poussent ! Quelle chance ! On dirait qu'il nous a entendus.

— Partons tous ensemble, déclara Luc tenté par l'aventure.

— Non, répliqua Farfadet. J'y vais seul. Ce magicien est dangereux. Il serait capable de vous attraper, et ce serait ma faute.

— Pas question de te laisser tomber, dit Luc. Nous venons. »

Les enfants s'assirent dans le fauteuil, l'air résolu et bien décidés à n'en pas bouger. Le lutin vint se glisser entre eux :

« Vous êtes de vrais amis ! » dit-il.

Le fauteuil craqua un peu. Farfadet eut juste le temps de lancer :

« Au village de Lutina. » Déjà, le fauteuil passait la porte. Ses petites ailes rouges battaient gaiement.

Les enfants avaient l'habitude de ces voyages dans les airs, maintenant. Pourtant ça leur paraissait chaque fois nouveau et merveilleux. Et puis Lutina ne devait pas être un village comme les autres ! se disaient-ils tout énervés.

Le voyage fut court. Le fauteuil les déposa peu après au milieu de la grand-place du village. Les voilà aussitôt entourés par une foule de petits lutins curieux, venus dire bonjour à Farfadet et qui le harcelaient de questions.

Farfadet leur présenta les enfants et expliqua le but de leur visite. Et puis soudain, silence. Le magicien Ronchon venait d'apparaître au bout de la rue. Il était plutôt petit et vêtu d'une grande cape doublée d'or qui flottait au vent. Sur la tête, il portait une petite calotte ronde bordée de clochettes qui tintinnabulaient à chacun de ses pas. Trois paires de lunettes étaient posées en rang sur son nez très long, et sa barbe à trois pointes lui tombait jusqu'à la taille. Drôle d'allure, en vérité !

« Hon-hon, ronchonnait-il en s'approchant des lutins. Que vois-je ? Des visiteurs ? Et un fauteuil magique ? Hon-hon, c'en est un tout de bon, parole de Ronchon. »

Personne ne soufflait mot. Le

magicien tâta le fauteuil du bout de la longue baguette, puis se tourna vers les enfants.

« Hon-hon, fit-il en plissant les yeux derrière ses lunettes, ainsi vous possédez un fauteuil magique. Venez donc prendre une tasse de chocolat chez moi, tout à l'heure, je vous l'achèterai.

— Mais il n'est pas à vendre... » commença Luc.

Aussitôt le magicien se mit à tourner autour de lui en le fixant avec des yeux qui lançaient des éclairs.

« Quoi ? On ose me refuser quelque chose ? A moi ? Attends un peu que je te change en, en...

— Nous viendrons dans une demi-heure, bégaya Farfadet en hâte, tout en poussant Luc derrière lui pour le protéger. Ce garçon ne sait pas quel grand personnage vous êtes, monsieur Ronchon.

— Brrrrrron-hon », fit le magicien.

Puis il tourna les talons avec un grand mouvement de cape.

« Qu'allons-nous faire ? questionna Luc consterné. Mieux vaut fuir avec le fauteuil, vous ne croyez pas ? Oh oui,

Farfadet, partons tout de suite!

— Non, non, restez, s'écrièrent en chœur les lutins. Si vous partez, Ronchon punira le village et ce sera terrible. Restez et aidez-nous.

— Allons chez mon cousin Gobo, dit Farfadet. Nous serons plus tranquilles pour chercher un plan.»

Il conduisit les enfants jusqu'à une maisonnette, à la sortie du village. Sur le pas de la porte se tenait Gobo qui ressemblait comme deux gouttes d'eau à son cousin. Tout heureux, Gobo fit entrer ses visiteurs dans une petite salle où tout était propre et bien rangé. Les enfants s'assirent et mangèrent des gâteaux à la noix de coco tout en buvant du jus d'orange. Personne ne parlait. Soudain, les yeux de Luc se mirent à briller et il se pencha vers Gobo :

« Connais-tu un sort pour endormir les gens ? demanda-t-il.

— Bien sûr, pourquoi ? répondit Gobo, intrigué.

— J'ai un plan. Si nous endormions le vieux Ronchon ? proposa Luc.

— Mais quel intérêt ? répliquèrent ensemble les deux cousins.

— Eh bien, lorsqu'il sera endormi, nous le mettrons dans le fauteuil magique et nous l'emporterons loin d'ici. Comme ça vous en serez débarrassés et nous pourrons rentrer chez nous.

— Bonne idée ! s'exclama Farfadet avec enthousiasme, en bondissant de son siège. Gobo, où as-tu mis ton sort qui endort ?

— Ici, répondit le lutin en ouvrant un tiroir d'où il sortit une minuscule pilule jaune moutarde.

— Parfait. Luc a un sachet de chocolats, reprit Farfadet. Glissons le sort dans l'un d'eux et arrangeons-nous pour que Ronchon le mange.

— Mais comment être sûr qu'il choisira le bon chocolat ? demanda Judith.

— Nous allons vider le sac et nous n'y laisserons que le chocolat ensorcelé, répondit Farfadet. Luc le portera comme s'il était très précieux. Ronchon ne manquera pas de poser des questions. Luc répondra qu'il s'agit d'un chocolat succulent qu'il ne veut céder à personne. Gourmand comme il est, le magicien voudra le manger à tout prix, c'est certain! Aussitôt qu'il sera endormi, nous le transporterons dans le fauteuil magique jusque chez Mme Tape-Tape. Elle se fera un plaisir de l'accueillir! Dans le passé, il l'a transformée en sauterelle, alors vous imaginez... Elle ne le relâchera pas de sitôt!

— Parfait!» s'écrièrent-ils tous en chœur.

Gobo dansait de joie à travers la pièce, et à force de sauter partout, il dégringola la tête la première dans le seau à charbon! Ce fut le fou rire général. Ils riaient si fort qu'ils n'arrivaient même pas à vider le sachet sur la table pour choisir

le chocolat que Luc garderait. Une fois calmés, ils se décidèrent pour celui surmonté d'une petite violette : il faisait chic. Luc y perça un petit trou et glissa le sort à l'intérieur. Il donna les autres friandises à Gobo, ravi de l'aubaine. Le chocolat dans le sac, Luc, Judith et Farfadet partirent chercher le fauteuil magique qui les attendait toujours sur la place du marché. Ses petites ailes pendaient : il devait être fatigué. Luc et Farfadet décidèrent de le porter sur leurs épaules jusqu'à la demeure du magicien Ronchon, une rue plus loin.

L'enchanteur les guettait par la fenêtre. On apercevait sa vilaine figure de vieux renard derrière la vitre. Il les fit entrer aussitôt :

« Je vois que vous m'avez apporté le fauteuil, ronchonna-t-il. C'est une preuve d'intelligence... Maintenant, asseyez-vous et buvez. »

Il leur versa à peine une goutte de chocolat dans des tasses minuscules, puis examina ses hôtes d'un œil perçant. Il remarqua vite que Luc gardait à la main quelque chose auquel il semblait beaucoup tenir, car il ne le posait même pas pour boire.

« Qu'y a-t-il dans ce sac ? demanda le magicien.

— Une chose qui m'appartient, répliqua Luc du tac au tac.

— Montre-la-moi, exigea Ronchon avec impatience.

— Non.

— Je t'ordonne de me la montrer tout de suite ! »

Luc prit l'air effrayé et posa aussitôt le sac sur la table. Le magicien s'en empara et en sortit le chocolat.

« Hon-hon, ronchonna-t-il, voilà le plus beau chocolat que j'aie jamais vu ! »

Et il en croqua un bout pour voir quel goût il avait.

« Non, non, ne le mangez pas, s'écria Luc, feignant le désespoir. Il est à moi !

— Plus maintenant », répliqua le magicien en n'en faisant qu'une bouchée.

Il ne l'eut pas plus tôt avalé que sa tête se mit à dodeliner et ses yeux à se fermer. Une minute après, il ronflait comme une marmotte.

« Ça a marché ! s'écria Luc en bondissant de joie.

— Chut ! Ce n'est pas le moment de faire du bruit, remarqua Farfadet. Ne perdons pas de temps. Le sort peut cesser d'agir d'une minute à l'autre et il ne faut pas que le magicien se réveille avant d'être arrivé chez Mme Tape-Tape.

Aidez-moi à le porter jusqu'au fauteuil. »

Ils calèrent le magicien endormi sur le siège. Judith s'assit sur un bras du fauteuil, Luc sur l'autre, et Farfadet se percha sur le dossier.

« Chez Mme Tape-Tape », cria-t-il.

Aussitôt, le fauteuil magique battit des ailes et s'éleva dans les airs. Il survola le village de Lutina, salué au passage par tous les lutins rassemblés sur la grand-place.

Cinq minutes plus tard, le fauteuil se posait près d'une petite maison perchée au sommet d'une colline, en plein vent. C'était là qu'habitait

Mme Tape-Tape. Farfadet et les enfants hissèrent le magicien, qui ronflait toujours, sur un banc près de l'entrée.

Puis le lutin laissa retomber quatre fois le heurtoir sur la porte : Tape-tape, Tape-tape. Et il cria d'une voix forte :

« Madame Tape-Tape, nous vous avons apporté un cadeau ! »

Ils regagnèrent ensuite tous trois le fauteuil qui s'envola aussitôt. En se penchant, ils aperçurent Mme Tape-Tape debout sur le seuil et qui levait les bras au ciel en poussant des exclamations. Son vieil ennemi Ronchon, endormi sur le banc, là, devant sa porte ! Quelle aubaine !

« Le pauvre, ce sera un choc pour lui quand il se réveillera, dit Farfadet en se frottant les mains. Merci de votre aide, les enfants! Nous avons débarrassé le village de Lutina d'un odieux personnage. Quel plaisir de l'imaginer, maintenant, occupé à faire le ménage et les courses de Mme Tape-Tape, à passer la serpillière dans sa cuisine, ou à laver ses carreaux! Je parie qu'elle lui mènera la vie dure.

— Hon-hon! ronchonnèrent les enfants, tandis que le fauteuil atterrissait dans leur salle de jeux. Et notre magicien devra apprendre à être moins ronchon, à présent!

— C'est sûr, répliqua Farfadet, sinon gare aux tapes de Mme Tape-Tape... Nous sommes arrivés. A bientôt, les enfants!»

Chapitre 2

L'île-qui-disparaît

Un jour, il arriva à cause de Judith une aventure fort désagréable.

Les ailes du fauteuil avaient poussé par un beau matin ensoleillé, alors que les enfants projetaient une course au trésor dans le jardin. Judith remarqua la première les petites ailes rouges qui pointaient aux pieds du fauteuil et poussa un cri de joie :

« Regardez ! Le fauteuil veut

partir ! Venez vite, l'aventure nous attend. »

Ils grimpèrent sur le siège et en un clin d'œil le fauteuil avait franchi la porte et s'élevait dans le ciel. Le temps était si clair qu'on y voyait à des kilomètres à la ronde. C'était magnifique ! Le voyage fut long. Le fauteuil survola d'abord le Royaume Enchanté, passa au-dessus du Pays des Gnomes Tirelaines, et arriva enfin à la mer d'un bleu éclatant.

« Oh, dit Farfadet tout ébloui, je ne me suis jamais aventuré si loin. Mais il n'est pas très prudent de voler au-dessus de l'eau... Le fauteuil peut avoir un coup de fatigue et alors, plouf !

— Ah non, nous n'allons pas renoncer, dit Judith. Oh ! Regardez, ajouta-t-elle en montrant du doigt une petite île bleutée sur l'horizon. Elle n'est pas très loin, le fauteuil peut l'atteindre sans difficulté. »

En effet, celui-ci vola droit sur l'île. Elle était magnifique : il y avait là toutes sortes de fleurs, plus belles les unes que les autres, et on entendait des clochettes qui tintaient doucement dans le lointain.

« Il ne faut pas y aller, dit Farfadet tout à coup. C'est l'île-qui-disparaît.

— L'île-qui-disparaît ? répéta Judith.

— Oui, j'en ai entendu parler, c'est un piège, affirma le lutin. Elle montre des merveilles comme il n'en existe nulle part ailleurs, mais sitôt qu'on pose le pied sur elle, tout s'évanouit et l'on est entraîné avec elle dans le vide...

— C'est impossible, objecta Judith en regardant avec envie l'île couverte de fleurs. Tu te trompes, Farfadet. C'est la plus belle île que j'aie jamais vue. Et je veux y aller. Il y a même des oiseaux, je les entends chanter.

— Ecoute, Judith, reprit Farfadet en colère, cette île est dangereuse, crois-moi !

— Qui me dit que tu as raison, monsieur Je-sais-tout, s'entêta Judith. Moi j'ai envie d'y aller. Pose-toi sur l'île, fauteuil ! »

Farfadet lança un regard furibond à Judith, mais trop tard : l'ordre avait été donné, et le fauteuil commença à descendre.

L'île se rapprochait de plus en plus. Judith poussait des cris de ravissement à la vue des fleurs aux mille couleurs, des oiseaux mordorés et des petits lapins dodus à la douce fourrure grise. Ils allaient atterrir dans un champ de boutons-d'or hauts comme des tournesols quand, soudain... pfuiit ! Plus rien. Evanouie, disparue l'île aux merveilles ! Il ne restait plus qu'un léger brouillard bleuté flottant au-dessus de l'eau et qui les entraînait vers la mer. Le fauteuil glissa, glissa, et plouf !

Les voilà tous à l'eau. Luc et Judith plongèrent, tête la première. Farfadet, lui, réussit à se retenir d'une main au dossier. Il tendit l'autre aux enfants qui se hissèrent tant bien que mal sur le siège balancé par les flots. Ils étaient trempés comme des grenouilles.

«Je te l'avais bien dit! gronda Farfadet en regardant Judith d'un air sévère. L'île n'était qu'une illusion. Tu vois le résultat : elle a disparu et nous voilà tout seuls au beau milieu de l'océan. Bravo! Bonne idée!»

Judith rougit jusqu'aux oreilles. Comme elle regrettait maintenant son caprice!

«Je ne pensais pas qu'elle pouvait disparaître si vite, murmura-t-elle, penaude. Je suis désolée...

— Ça n'y change rien, dit Luc d'une voix maussade, en tordant ses vêtements trempés. Comment allons-nous regagner la terre maintenant ? Les ailes du fauteuil sont si mouillées qu'il ne peut pas voler. »

Ils étaient en bien mauvaise posture. Une chance encore que le fauteuil en bois flotte! Pendant un moment, tristes et abattus, ils se laissèrent balancer par les vagues. Soudain, à leur grande surprise, une petite tête pointa hors de l'eau.

« Salut, dit l'apparition. Vous avez besoin d'aide ?

— Oui, répondit Farfadet. Vous êtes un triton ?

— Exact ! » fit l'étrange petit bonhomme.

A travers l'eau verte, les enfants aperçurent le bas de son

corps recouvert d'écailles et terminé par une queue de poisson argentée.

« Voulez-vous que je vous remorque jusqu'à terre ? »

Farfadet bondit de joie :

« Vous feriez cela pour nous ?

— Si vous me donnez une pièce d'or, c'est le prix de la course.

— Nous n'en avons pas sur nous, mais nous vous l'enverrons dès notre retour », promit le lutin.

Le triton plongea et refit surface peu après, juché sur un gros poisson. Il arrima une corde d'algues à l'arrière du fauteuil, en recommandant à Farfadet de bien la tenir. Puis le poisson partit à toute allure, remorquant derrière lui le fauteuil durant tout le trajet, comme le font les sirènes sans doute. Quel drôle d'équipage!

Bientôt ils atteignirent le rivage et les enfants tirèrent le fauteuil sur le sable chaud et doré.

« Merci beaucoup, direnr-ils au triton. Nous vous ferons parvenir la pièce d'or le plus vite possible. »

Le triton remonta sur son poisson, leur fit un signe d'adieu et plongea sous les vagues dans une gerbe d'écume.

« Attendons que le soleil ait séché les ailes du fauteuil et nos vêtements, dit Farfadet. Puis, nous rentrerons. Cette aventure aurait pu mal se terminer! Nous aurions pu rester des jours et des jours à dériver ainsi sur les flots... »

Judith ne disait rien. Tout cela était sa faute, elle le savait. Dès que leurs vêtements et les ailes du fauteuil furent à peu près secs, ils s'assirent à leurs places habituelles et Farfadet lança :

« A la maison, fauteuil, vite! »

Quand ils furent arrivés, Judith descendit la première et se précipita dans sa chambre, s'empara de sa tirelire qu'elle vida en entier.

« Tiens, Farfadet, dit-elle. Prends mon argent. Je veux réparer ma faute. Et j'essaierai de ne plus me conduire comme une entêtée à l'avenir.

— Ne t'en fais pas, Judith, répondit le lutin en lui donnant une tape affectueuse. C'est oublié maintenant. L'essentiel est que nous soyons tous sains et saufs. »

Il échangea l'argent contre une pièce d'or et demanda à un merle du jardin de la porter au triton.

« Cette aventure est terminée, conclut Farfadet. Espérons que la prochaine nous réservera de meilleures surprises ! »

Chapitre 3

Une dispute catastrophique

Tout commença un matin alors que Luc, Judith et Farfadet s'amusaient dans leur salle de jeux, au fond du jardin. Dehors il pleuvait sans interruption. C'était rageant une pluie pareille en plein été! Les enfants et Farfadet en avaient plus qu'assez de rester enfermés. Ils avaient déjà joué au nain jaune, à la bataille, aux dames, au jeu de l'oie, et aux dominos, et ils commençaient à s'ennuyer.

« Ne fais pas cette tête, Luc, dit Judith en regardant son frère. Tu ressembles à un singe qui a perdu sa queue.

— Et toi à une girafe qui a mal à la gorge, répliqua Luc du tac au tac.

— Attention, ne me provoque pas, le menaça Judith.

— Toi non plus, dit Luc.

— Je ne t'ai rien fait! s'exclama la petite fille.

— Si, tu m'embêtes.

— Calmez-vous, tous les deux, intervint Farfadet, et cessez de vous chamailler comme des imbéciles.

— Mêle-toi de ce qui te regarde, lança Luc, avec grossièreté. Tu parles trop, Farfadet.

— Oui, tu devrais écouter un

peu plus et bavarder moins! ajouta Judith.

— Toi aussi, rétorqua le lutin. Les filles parlent toujours trop.

— Ce n'est pas vrai. Tu es ridicule de dire une chose pareille.

— C'est toi qui es ridicule! Vous êtes tous les deux ridicules ce matin, éclata Farfadet.

— Eh bien, si c'est cela, tu n'as qu'à aller jouer ailleurs, répliqua Judith aussitôt. On n'a pas besoin de toi.

— Bon, puisque c'est comme ça, je m'en vais», déclara Farfadet blessé. Il se leva et quitta la salle de jeux sous les yeux des enfants tout penauds.

«C'est ta faute, dit Luc en se levant. C'est à cause de toi qu'il est parti... Et s'il ne revient pas?»

Ils coururent à la porte et appelèrent :

« Farfadet, hé ! Farfadet, reviens. » Pas de réponse. Le lutin avait disparu.

« Tu es méchante. Pourquoi l'as-tu chassé ? dit Luc à sa sœur.

— Je ne l'ai pas fait exprès. Et d'ailleurs, c'est notre faute à tous les deux.

— Non, pas la mienne.

— Si.

— Non.

— Si. Et si tu continues tu

vas recevoir une gifle...

— Eh bien, eh bien, dit maman qui venait d'entrer dans la pièce. Arrêtez de vous disputer comme des chiffonniers. L'oncle Jacques est ici et il demande si vous voulez l'accompagner choisir un chiot à la ferme.

— Oh oui! s'exclamèrent en chœur Luc et Judith. Juste le temps d'enfiler nos cirés et nos bottes... »

Oubliant aussitôt leur dispute, ils coururent vers la maison.

A la ferme, ils choisirent pour l'oncle Jacques un adorable chiot tout noir. Ils rirent et plaisantèrent tout le long du chemin du retour, et arrivèrent à la maison, enchantés de leur promenade.

Après le déjeuner, ils

retournèrent à leur salle de jeux pour demander à Farfadet de venir jouer avec eux dans le pré, derrière le jardin. La pluie avait cessé.

Mais le lutin n'était pas là. Luc et Judith se regardèrent en rougissant :

« Crois-tu qu'il soit parti pour de bon ? demanda Judith, très mal à l'aise.

— Je n'en sais rien, répondit Luc. Il est peut-être dans le jardin. Attends, je vais siffler dehors le petit air qu'il m'a appris pour l'appeler. »

Sitôt dit, sitôt fait. Mais le lutin resta invisible.

« Et s'il ne revenait plus jamais, sanglota Judith. Oh ! comme je regrette de lui avoir dit de s'en aller !

— Et moi je ne veux pas

partir à l'aventure dans le fauteuil magique sans Farfadet, déclara Luc. Ce n'est pas drôle sans lui.

— Tu penses qu'il reviendra?

— Ça m'étonnerait. Les lutins sont très susceptibles, tu sais.»

Alors que les deux enfants commençaient à désespérer, Judith s'aperçut que les ailes du fauteuil poussaient.

«Regarde! s'écria-t-elle, tout énervée. Le fauteuil est prêt à s'envoler. Viens vite, Luc!

— Je n'ai pas envie de partir sans Farfadet, répliqua le garçon, d'une voix morne.

— J'ai une idée, dit Judith en courant vers son frère. Demandons au fauteuil de nous emmener chez Farfadet. Il est sans doute rentré chez lui, tu ne crois pas? Nous lui ferons des excuses et nous le supplierons de revenir.

— Tu as raison, Judith! s'exclama Luc. Partons tout de suite. »

Les enfants grimpèrent dans le fauteuil dont les petites ailes rouges battaient avec impatience.

« A la maison de Farfadet », lança Luc.

Le fauteuil magique s'éleva, franchit la porte et s'envola au-dessus des arbres. Les enfants regardaient les jardins et les champs en contrebas. C'était magnifique! Comme ils regrettaient que le lutin ne soit pas avec eux, assis à sa place habituelle, sur le dossier!

« Je me demande où habite Farfadet, déclara Luc. Il ne nous l'a jamais dit.

— Nous n'allons pas tarder à le savoir. »

Le fauteuil volait toujours au-dessus des nuages. Il arriva bientôt en vue du Royaume Enchanté et piqua soudain droit sur un petit village aux maisons minuscules et biscornues qui possédaient toutes un jardin fleuri. Le fauteuil se posa dans l'un d'eux. Les enfants mirent pied à terre et allèrent frapper à la petite porte peinte en rouge.

« Il va être bien surpris en

nous voyant!» dit Judith.

La porte s'ouvrit. Une vieille petite dame lutin aux yeux brillants et à l'air aimable apparut.

«Oh! s'exclama Judith déçue. Nous pensions que c'était la maison de Farfadet.

— C'est exact, dit la dame lutin. Je suis sa maman. Entrez.»

Elle les introduisit dans une petite cuisine proprette et leur offrit des gâteaux secs et un verre de limonade.

«Merci beaucoup, madame, dit Luc. Savez-vous où est Farfadet?

— Il est venu me demander de faire son lit pour cette nuit, répondit la dame lutin. Il m'a expliqué qu'il s'était disputé avec vous et qu'il revenait vivre à la maison.»

Les enfants rougirent, tout honteux.

« Je ne pensais pas vraiment ce que j'ai dit, murmura Judith d'une petite voix.

— Oh, Farfadet a certainement des torts lui aussi, reprit la maman du lutin. Il est parti depuis un bon moment déjà s'acheter un nouveau mouchoir et il n'est toujours pas revenu. Je me demandais même s'il n'était pas retourné chez vous.

— Non, dit Luc. Qu'a-t-il bien pu lui arriver ? Nous allons l'attendre avec vous. »

Mais Farfadet ne revint pas. Un petit lutin rond et dodu arriva à sa place, tout essoufflé d'avoir couru.

« Madame Sourire, s'écria-t-il en voyant la maman du lutin,

un malheur est arrivé à Farfadet!

— Que s'est-il passé?

— Il venait de s'acheter un magnifique mouchoir rouge et s'en retournait à pas tranquilles à la maison, quand un énorme oiseau jaune a soudain fondu du ciel, l'a attrapé par la ceinture et emporté dans les airs avec lui.

— Mon Dieu! s'écria Mme Sourire qui éclata en sanglots. je le connais, c'est celui du magicien Tonnerre. Chaque fois qu'il a besoin d'un valet, il envoie son oiseau capturer quelqu'un. Ah! mon pauvre Farfadet!

— Ne pleurez pas, madame, dit Luc en mettant son bras autour du cou de la petite maman. Nous allons partir à sa recherche et nous vous le ramènerons sain et sauf. Viens, Judith, grimpe. Demandons au fauteuil de nous mener à Farfadet où qu'il soit. »

Sitôt dit, sitôt fait : Luc donna l'ordre au fauteuil qui fila droit dans le ciel.

« Encore une aventure, dit Judith. Pourvu qu'elle finisse bien ! »

Chapitre 4

Le magicien Tonnerre

Le chemin était long. Le fauteuil filait à toute allure vers l'ouest. Ses quatre petites ailes battaient au vent.

«Je me demande où habite ce magicien, déclara Judith. J'espère qu'il ne va pas nous capturer nous aussi.

— Tout cela ne serait jamais arrivé si nous ne nous étions pas disputés avec Farfadet, dit Luc.

— Je ne me disputerai plus

jamais», promit Judith. Elle se sentait très triste au souvenir des vilaines paroles qu'elle avait prononcées le matin même.

Le fauteuil survolait une forêt. Judith se pencha soudain par-dessus l'accoudoir.

«Hé, Luc, qu'est-ce que c'est que cette chose bizarre qui dépasse des arbres?»

Luc regarda lui aussi :

«C'est une tour très haute, répondit-il. C'est étrange, on dirait qu'elle ne fait partie d'aucun château... Ça alors, le fauteuil va droit sur elle! Crois-tu quc le magicien y habite?

— Sûrement», dit Judith.

Les enfants regardaient la tour avec curiosité. Elle ne ressemblait pas aux autres. Elle était toute ronde et très haute. Beaucoup plus haute que les arbres environnants, et il semblait impossible d'y pénétrer. Elle avait un toit pointu, mais pas de cheminée. Le fauteuil fit plusieurs fois le tour, sans trouver de fenêtre.

« Voilà une tour magique, c'est sûr, dit Judith. Elle n'a pas une seule ouverture ! Mais il doit bien y avoir une porte tout de même ! »

Le fauteuil se posa au pied du bâtiment. Les enfants descendirent et cherchèrent l'entrée. Sans succès... Tout était clos.

« Crois-tu que Farfadet soit enfermé ici ? interrogea Judith.

— Il ne peut pas être ailleurs, répondit Luc. Nous avons demandé au fauteuil de nous mener là où il était, tu te rappelles bien.

— Alors que fait-on ? Nous pourrions l'appeler...

— Surtout pas, répliqua Luc, sinon le magicien va nous entendre et nous capturer.

— Mais comment avertir Farfadet ? Il faut bien faire quelque chose, non ? Inutile de continuer à chercher des portes et des fenêtres qui n'existent pas !

— Chut ! murmura soudain Luc en poussant Judith derrière un arbre. J'ai entendu du bruit. »

Judith attrapa le fauteuil magique et le tira lui aussi à l'abri. Il était temps ! Des grondements ressemblant à de formidables roulements de tonnerre se rapprochaient. Une énorme porte apparut soudain dans la tour et s'ouvrit devant le magicien Tonnerre. Il était immense et maigre. Il portait une drôle de barbe tressée en natte qui tombait jusqu'au sol.

« Et termine-moi ce sortilège comme il faut », lança-t-il à quelqu'un derrière lui.

Puis la porte se referma dans un second grondement suivi de deux violents coups de tonnerre et disparut aussitôt. Le magicien s'engagea dans les bois.

Il était si grand que sa tête touchait presque le sommet des arbres !

« Ouf ! dit Judith. Nous l'avons échappé belle... Mais nous ne pourrons jamais entrer dans cette tour ni faire apparaître la porte.

— Hélas ! soupira Luc découragé. Quand je pense que notre pauvre Farfadet est

prisonnier là-dedans à cause de nous!

— Ecoute, laissons le fauteuil derrière un buisson et tâchons de voir s'il n'y a pas quelqu'un qui habite dans les parages et qui pourrait nous aider», dit Judith.

Ils dissimulèrent avec soin le fauteuil parmi les ronces et les fougères, puis empruntèrent un sentier qui les conduisit jusqu'à une charmante petite ferme. Un panneau accroché à la barrière de l'entrée indiquait : «*Ferme Pomponne*». Judith trouva ce nom joli et alla frapper à la porte.

Quelle surprise! Une petite souris marron leur ouvrit. Elle portait un tablier et un bonnet à carreaux, et avait aux pieds des chaussons confortables. Les enfants restèrent stupéfaits. Ils n'arrivaient toujours pas à s'habituer à ces rencontres étranges.

« Bonsoir », dit Luc. Puis ne sachant qu'ajouter, il se tut.

« Vous voulez voir ma maîtresse ? interrogea la souris.

— Euh... oui, bonne idée », répondit le garçon.

La souris les introduisit dans un salon coquet.

« Qu'allons-nous dire ? » chuchota Luc.

Mais avant que Judith ait eu le temps de répondre, quelqu'un entra dans la pièce.

C'était une petite elfe aux ailes et aux cheveux d'argent. Quand elle souriait, une fossette se creusait au milieu de sa joue. Luc et Judith l'aimèrent aussitôt.

« Bonsoir, dit-elle. Je m'appelle Pomponne. Que puis-je faire pour vous ? »

Les enfants se mirent à parler tous les deux à la fois. Ils lui racontèrent leur dispute avec leur ami Farfadet qui était alors retourné dans sa maison, et qu'un oiseau jaune avait emporté chez le magicien Tonnerre. Et ils lui expliquèrent comment, avec leur fauteuil magique, ils étaient arrivés jusqu'à la tour fermée.

« Nous ne savons pas comment y entrer, dit Luc. Pourriez-vous nous aider ?

— Hélas ! je ne crois pas, répondit l'elfe. Nul ne connaît de formule magique assez puissante pour pénétrer dans la tour. J'habite ici depuis trois cents ans et jamais personne n'a réussi à y entrer, sauf l'enchanteur, ses valets et ses amis. Je n'essaierais même pas si j'étais vous.

— Mais il le faut, dit Judith. Farfadet est notre ami.

Nous devons l'aider.

— C'est vrai, il faut aider ses amis. Mais j'y pense, attendez une minute, peut-être que ma souris a une solution... Henriette! Henriette!

— Oui, madame, dit la petite souris qui arrivait en courant.

— Henriette, ces enfants veulent entrer dans la tour du magicien Tonnerre. Connais-tu un moyen?

— Oui, madame.

— Oh! c'est vrai? s'écria Judith pleine d'espoir. Lequel?

— Ma tante habite dans la cave de la tour, dit la souris. Je lui rends quelquefois visite pendant mon jour de congé.

— Et comment entres-tu? interrogea Pomponne.

— Par un trou de souris, bien sûr, dit Henriette. Il y en a un à gauche du pied de la tour. Je me glisse toujours par là.

— Oh! soupirèrent les enfants déçus en regardant la souris si petite. Nous ne pourrons jamais passer. Nous sommes bien trop gros. »

Judith éclata en sanglots. Pomponne lui mit un bras autour du cou.

« Ne pleure pas, dit-elle. Je vais vous rendre tout petits et ainsi vous pourrez suivre Henriette.

— Oh, merci, merci beaucoup ! s'exclamèrent en chœur les enfants. Comme c'est gentil ! »

Pomponne alla chercher une boîte dans la commode et en sortit deux petites pastilles, rouges d'un côté, vertes de l'autre.

« Tenez, dit-elle, avalez-les, elles vous rendront assez petits pour passer par le trou de souris. Elles ont un goût affreux mais tant pis ! »

Les enfants sucèrent leur pastille avec une légère grimace. Puis à peine les eurent-ils croquées, qu'ils ressentirent une drôle d'impression. Et soudain les voilà qui se mirent à rapetisser. Ils étaient à présent minuscules !

« Henriette, ôte ton bonnet et

ton tablier, et conduis nos amis chez ta tante », ordonna Pomponne.

La petite souris fit ce qu'on lui demandait. Elle mena les enfants à la tour et leur montra le trou dans le mur.

« C'est là », dit-elle.

Et tous trois se faufilèrent par la mince ouverture.

Chapitre 5

La tour mystérieuse

A l'intérieur il faisait sombre et ça ne sentait pas bon. Judith serrait la main de Luc. Cela faisait un drôle d'effet d'être si petit. La souris Henriette allait devant et ils pouvaient voir ses deux petits yeux brillants chaque fois qu'elle se retournait vers eux. Luc lui marcha sur la queue sans le faire exprès et elle poussa un cri perçant.

« Mille pardons, Henriette, dit-il. Il fait si sombre ici ! »

Le tunnel s'élargit soudain et déboucha dans une pièce où régnait une douce chaleur. Une grosse souris se précipita pour embrasser Henriette.

« Bonsoir, ma chérie », dit-elle. Elle ressemblait à une souris ordinaire, sauf qu'elle portait de grosses lunettes. Sa maison était construite en papier. Des petits tas de journaux bien rangés servaient de tables et de lits.

« Tantine, quelle chance que tu ne sois pas sortie, s'écria Henriette. Je t'ai amené deux amis. Ils voulaient entrer dans la tour et j'ai pensé qu'ils pouvaient aussi bien passer par notre tunnel. C'est le seul chemin.

— Et que veulent ces enfants? demanda la tante.

— Nous voudrions monter dans la tour, répondit Luc. Pouvez-vous nous indiquer le chemin pour atteindre les étages? Notre ami Farfadet est prisonnier du magicien Tonnerre. Nous sommes venus le délivrer.

— Suivez-moi, dit la tante. Mais prenez garde : un chat se promène parfois dans la cave. Attention qu'il ne vous attrape pas.»

Elle les guida à travers un autre tunnel étroit et les enfants se retrouvèrent bientôt dans une pièce sombre et humide.

« Au revoir, dit la souris. Je mettrai une chandelle à l'entrée de ce tunnel pour que vous puissiez retrouver votre chemin. Bonne chance. »

Judith prit la main de son frère. La pièce était très noire. On apercevait juste un rai de lumière, sur la droite.

« Ce doit être l'escalier, dit Luc. Grimpons. Et fais attention de ne pas te cogner. Tu es très petite maintenant, tu sais. Pense aussi au chat ! »

Les marches qui montaient dans la tour leur paraissaient gigantesques. Luc devait aider Judith à se hisser de l'une à l'autre. Ils arrivèrent enfin en haut et jetèrent un regard par la rainure sous la porte : de l'autre côté, c'était la cuisine.

« Tu crois que le magicien est revenu ? chuchota Judith.

— Non. Nous aurions entendu les roulements de tonnerre quand il ouvre et ferme la porte. Pour le moment, nous ne risquons rien. Mais s'il arrive, il faudra nous cacher aussitôt. Et gare au chat !

— Glissons-nous sous la porte », proposa Judith.

Impossible : la rainure était trop étroite. C'est alors qu'ils remarquèrent que la porte n'était pas tout à fait fermée et, en la poussant de toutes leurs forces, ils parvinrent à l'entrouvrir juste assez pour entrer.

Ils se retrouvèrent dans une cuisine qui leur parut immense, eux qui étaient si petits ! Mais nulle trace de Farfadet.

« Viens, dit Luc en donnant la main à Judith. Allons dans la pièce suivante.

— Miaou ! » entendirent-ils soudain.

Une grosse chatte tigrée aux yeux verts surgit alors de derrière une chaise et s'avança vers eux. Judith sentit ses genoux se dérober sous elle. Elle comprit ce qu'éprouve une souris lorsqu'elle voit un chat : c'est un monstre terrible ! Un géant !

« Ne montre pas que tu as peur, recommanda Luc. Elle nous a sentis et sait que nous ne sommes pas des souris. Reste ici, j'y vais.

— Que tu es brave, Luc ! » s'exclama Judith.

Le vaillant petit garçon marcha vers l'animal et lui

envoya un coup de pied dans les pattes. La chatte eut l'air de beaucoup apprécier et se mit à ronronner. Un coup de pied de quelqu'un de si petit, c'était comme une caresse pour elle! Luc fit signe à Judith qui accourut.

La chatte ronronnait toujours. Elle passa à côté d'eux et les enfants la suivirent dans une toute petite pièce éclairée par une bougie. C'est vrai qu'il n'y avait pas de fenêtre à la tour!

Personne, là non plus. Sur le sol, une jatte de lait et un coussin moelleux dans un panier rond.

« Ce doit être la pièce du chat, dit Judith : il n'y a pas de meubles... Mais où est donc Farfadet? »

Un escalier menait à l'étage

supérieur. Les enfants le gravirent avec peine. Ils n'avaient pas encore atteint la dernière marche, lorsqu'ils entendirent quelqu'un sangloter. C'était Farfadet! Lui qui ne pleurait jamais!

Luc et Judith redoublèrent d'énergie. Enfin ils arrivèrent en haut et se précipitèrent par une grande porte béante. Allongé sur un petit lit, Farfadet pleurait à fendre l'âme.

«Console-toi, Farfadet! Nous sommes venus te sauver»,

cria Luc en espérant que le lutin entendrait sa voix.

Farfadet l'entendit en effet. Il se dressa sur son séant. Les larmes coulaient toujours sur ses joues. Il aperçut Luc et Judith et ses yeux s'arrondirent de surprise.

« Farfadet ! s'écria Judith en courant vers lui. Nous allons te délivrer. Tu vois, une elfe nous a rendus petits et nous sommes passés par un trou de souris. Bientôt tu seras libre !

— Oh ! vous êtes de vrais amis, répondit le lutin en séchant ses larmes. Je hais cet endroit. Je hais ce magicien. Il m'oblige à jeter de mauvais sorts, et je ne le veux pas. J'avais bien peur de rester prisonnier ici toute ma vie et de ne plus jamais vous revoir.

— Comment peut-on sortir d'ici? demanda Luc.

— Le trou de souris par lequel vous êtes arrivés semble le seul moyen d'entrer, et c'est sûrement le seul chemin pour sortir. Mais je ne passerai pas : je suis trop gros.

— J'ai une idée! Je vais retourner à la ferme de Pomponne et lui demander une pastille pour te faire rétrécir toi aussi, expliqua Luc. Ensuite nous passerons tous par le trou, nous demanderons à Pomponne de nous rendre notre taille normale, nous retrouverons le fauteuil magique et nous rentrerons à la maison. D'accord?

— Cela semble aussi simple à dire qu'à faire, déclara Farfadet. Espérons que tout ira bien!

Enfin essaie, Luc. Judith et moi nous t'attendrons ici.

— Non, escortons-le jusqu'à l'entrée de la cave», décida Judith.

Ils redescendirent tous ensemble l'escalier. Mais alors qu'ils traversaient la pièce de la chatte, un bruit terrible retentit.

«Voilà le magicien, murmura Farfadet tout pâle. Il faut nous cacher, mais où?

— Vite, cria Judith, trouve une idée!»

Les roulements de tonnerre se rapprochaient de plus en plus. La tour se fendit jusqu'à mi-hauteur, la porte apparut, et s'ouvrit. Grand et maigre, sa barbe tressée balayant le sol, le magicien entra à pas lents. Mais avant qu'il ait pu les voir, Luc avait poussé Judith dans le panier de la chatte qui y dormait tranquillement. Les enfants se pelotonnèrent contre elle, et se dissimulèrent dans son épaisse fourrure. Farfadet resta livré à lui-même.

«Je sens des petits enfants, dit le magicien.

— Comment voudriez-vous que des enfants entrent dans votre tour, maître?» dit le lutin, en prenant l'air étonné.

L'enchanteur se mit à fureter dans les deux pièces. La chatte le regardait avec curiosité. En passant, Tonnerre la flatta de la main et elle ronronna de plaisir. Luc et Judith se blottissaient dans ses poils, en espérant qu'elle ne bougerait pas.

Le magicien ne songea pas à regarder à l'intérieur du panier. Il abandonna bientôt ses recherches et grimpa l'escalier en appelant Farfadet.

« Va-t'en vite maintenant, Luc, chuchota en hâte le lutin avant de suivre

Tonnerre. Judith peut rester avec la chatte. Elle est en sécurité ici. »

Luc se glissa sur le sol et courut à la porte de la salle. Il se faufila par l'entrebâillement et descendit avec difficulté le grand escalier. Il aperçut bientôt la chandelle à l'entrée du corridor et déboucha enfin dans la demeure de la tante d'Henriette. Les deux souris étaient encore là et bavardaient tranquillement.

« S'il vous plaît, Henriette, conduisez-moi chez votre maîtresse, demanda Luc. C'est urgent. »

La souris le prit par la main et le guida jusqu'à l'air libre. Puis ils se hâtèrent vers la ferme de Pomponne. Luc eut bientôt tout raconté à la petite elfe qui lui donna une des pastilles magiques et lui recommanda de faire bien attention à ne pas être vu du magicien Tonnerre.

Et Luc reprit une nouvelle fois le chemin du trou de souris. Bientôt, Farfadet serait libre !

Chapitre 6

L'évasion

Luc hâta le pas, la pastille qui allait rendre Farfadet aussi petit que lui bien serrée dans sa main.

Il se glissa par le trou de souris, parvint jusqu'à la cave, et grimpa les marches qui menaient à la cuisine. Il jeta un coup d'œil par la rainure, sous la porte : personne.

Il traversa la pièce en courant et atteignit celle de la chatte, toujours endormie dans son panier, Judith bien cachée sous ses poils. Ouf!

« Farfadet est encore là-haut, avec Tonnerre », lui chuchota la petite fille.

Mais au même instant des pas résonnèrent dans l'escalier et le magicien entra.

La chatte sauta hors du panier et alla se frotter contre ses jambes en ronronnant. Luc et Judith tentèrent de se cacher sous le coussin. Trop tard, l'enchanteur les avait vus.

« Oh, oh, j'avais bien dit que cela sentait les petits enfants », gronda-t-il.

Il alla jusqu'au panier et regarda dedans.

« Comme vous êtes petits! s'exclama-t-il. Je ne pensais pas qu'il pouvait exister des enfants si petits. Qu'est-ce que tu as dans la main, toi ?»

Malheur! Ce que Luc tenait avec tant de soin, c'était la pastille destinée à Farfadet! Le garçon cacha sa main derrière son dos et lança un regard furibond à l'enchanteur.

Hélas! peine perdue. Il lui fallut bien montrer à Tonnerre ce que c'était.

Celui-ci comprit aussitôt!
«C'est donc ça! Vous vous êtes faits assez petits pour vous glisser, je suppose, par un trou de souris, et vous espérez utiliser le même moyen pour délivrer Farfadet. Eh bien, c'est raté! Je vais vous rendre votre taille normale et vous ne pourrez plus passer par aucun trou de souris. Vous resterez ici avec Farfadet et vous serez mes domestiques!»
Il donna une tape sur la tête de Judith et sur celle de Luc. Aussitôt, ils reprirent leur taille habituelle. Les enfants étaient désespérés. Leur si beau plan avait échoué, ils étaient prisonniers!
«Plus question de vous échapper maintenant, dit Tonnerre, quand bien même

vous mangeriez un kilo de pilules qui rapetissent ! Et personne à part moi ne connaît le secret de la porte. Farfadet, Farfadet, viens voir tes amis ! »

Le lutin dévala les marches et s'arrêta net, consterné, en voyant Luc et Judith, debout devant l'enchanteur et redevenus aussi grands que d'habitude.

« Vous avez essayé de vous enfuir, gronda le magicien. Eh bien maintenant, il ne vous reste plus qu'à travailler pour moi. Vous utiliserez vos brillantes idées à mon service. Commencez par nettoyer le plancher de ma chambre, ensuite vous ferez briller l'argent de mes baguettes magiques ! »

Ils grimpèrent tous les trois

l'escalier en silence. Ils étaient tristes. Farfadet donna à Luc et Judith un grand chiffon à poussière et ils se mirent à astiquer le parquet à genoux.

« Ne dites rien encore, chuchota Farfadet, Tonnerre a les oreilles aussi fines que celles d'un lièvre. »

Aussi ne soufflèrent-ils mot avant d'avoir entendu les roulements de tonnerre annonçant le départ du magicien. Quand ils furent bien certains qu'il était dehors, ils se relevèrent et se regardèrent.

« Que faire à présent ? grommela Luc.

— Ecoute, dit Farfadet avec entrain, j'ai un plan. Où est le fauteuil magique ?

— Caché dans un buisson de ronces, à côté de la tour. Mais

quel intérêt? Nous ne pouvons pas sortir et il ne peut pas entrer!

— Pas si sûr! Va trouver Henriette et demande-lui de raconter tout à sa maîtresse : si Pomponne pouvait rendre le fauteuil assez petit, pour qu'Henriette l'introduise dans la cave par le trou de souris, nous serions sauvés... Je connais la formule magique qui lui redonnera sa taille normale, et quand Tonnerre fera apparaître la porte pour sortir, nous nous échapperons!

— Farfadet, tu es un génie! s'écria Judith. Luc, cours à la cave chercher Henriette. Elle y est sûrement, sinon il y aura sa tante. »

Le garçon fonça à la cave. Il appela Henriette. Elle n'était pas là, mais sa tante arriva, ses lunettes sur le nez. Il lui raconta leur mésaventure et la supplia d'aller trouver Pomponne. La souris partit sur-le-champ et Luc attendit son retour avec inquiétude.

Hélas! Tonnerre rentra le premier, et Luc dut rejoindre les autres. Le magicien donna à ses trois captifs l'ordre de faire briller l'argent de ses baguettes magiques... après avoir ôté à celles-ci leur pouvoir! Il n'allait tout de même pas laisser Farfadet s'en servir! Pas si bête!

Après le dîner, Tonnerre sortit encore une fois. Luc se précipita à la cave. Fou de joie, il trouva Henriette avec le fauteuil magique maintenant aussi petit qu'un fauteuil de poupée!

« Ma tante m'a raconté vos malheurs, chuchota Henriette. J'ai tout répété à ma maîtresse et, ensemble, nous avons cherché le fauteuil magique. Pomponne l'a rendu assez petit pour que je puisse le faire passer par le trou de souris. Le voici! Bonne chance!»

Elle poussa le fauteuil dans le tunnel. Luc s'en saisit et remonta avec. Judith et Farfadet bondirent de joie en le voyant!

«Maintenant, il ne me reste plus qu'à lui rendre sa taille normale», dit le lutin.

Il fouilla dans ses poches et en sortit un chiffon vert et jaune. Au milieu, il y avait une grosse tache qui sentait la cire.

Farfadet se mit à astiquer le fauteuil avec énergie. Celui-ci grossissait à mesure que le lutin le frottait. Luc et Judith regardaient la scène, ébahis. A la fin, le fauteuil avait retrouvé sa taille habituelle.

« Où allons-nous le cacher ? interrogea Judith.

— Et si nous ne le cachions pas du tout ? proposa soudain Luc. Asseyons-nous dedans et attendons que Tonnerre revienne. Dès qu'il ouvrira la porte, nous crierons au fauteuil de s'envoler et nous nous échapperons ! Le magicien ne se rendra même pas compte de ce qui se passe !

— Bonne idée ! s'exclama Farfadet. Vite, asseyons-nous, l'enchanteur peut arriver d'un moment à l'autre.

— Et ce brave fauteuil a toujours ses ailes, remarqua Judith, ce serait terrible si elles disparaissaient au moment de nous enfuir...

— Ne dis pas des choses pareilles devant lui, conseilla

Luc. Tu sais qu'il a parfois de drôles d'idées. Aurais-tu oublié le jour où il nous a fait atterrir sur une cheminée[1] ?

— Taisez-vous, j'entends Tonnerre », dit Farfadet.

CRRRRaa... aaac ! La tour se fendit en deux. La porte s'ouvrit et Tonnerre entra :

« Farfadet, hé ! Farfadet, appela-t-il d'une voix forte.

— Vite, à la maison, fauteuil, hurla le lutin. Me voici, et je vous salue bien, monsieur Tonnerre ! »

Le fauteuil prit son vol, frôla l'oreille gauche du magicien éberlué et fila par la porte. Avant que Tonnerre ait eu le temps de la refermer, ils étaient déjà dans le bois, libres !

---

1. Lire *Les Caprices du fauteuil magique*, dans la même collection.

« Je vois Henriette et Pomponne, là en bas, dit Luc. Elles nous disent au revoir. Faisons comme elles ! »

Ils agitèrent leurs mouchoirs en guise d'adieu.

« Nous leur écrirons dès notre retour, promit Farfadet. Elles ont été bien gentilles de nous aider.

— Tonnerre doit être furieux que nous nous soyons évadés! s'exclama Judith, toute joyeuse.

— Dis, Farfadet, déclara Luc, il faudrait aller rassurer ta maman. Elle était folle d'inquiétude pour toi.

— J'irai ce soir, quand vous serez couchés, répondit le lutin. D'abord je veux vous ramener sains et saufs à la maison. Que d'aventures depuis ce matin!

— Plus jamais je ne me disputerai», affirma Judith tandis que le fauteuil se posait sur le seuil de la salle de jeux. La petite fille sauta à terre et mit ses bras autour du cou du lutin.

«Tu sais, je ne pensais pas ce que je t'ai dit. Tu seras toujours notre ami, Farfadet, tu veux bien, n'est-ce pas ?

— Bien sûr, répondit le lutin en souriant de toute sa petite frimousse malicieuse. D'ailleurs ma colère n'aurait pas duré et je serais revenu dès demain !

— Moi aussi je te demande pardon, dit Luc. Mais nous voilà de nouveau amis, et plus rien ne nous séparera.

— Et maintenant, rentrez à la maison sinon votre maman va

s'inquiéter. C'est si vite inquiet les mamans, dit Farfadet. Et vous n'étiez pas là pour le goûter... Allons, au revoir et merci!»

Luc et Judith partirent en courant, tout joyeux.

Une fois encore, tout avait bien tourné. Ce bon vieux fauteuil magique, que deviendraient-ils sans lui?

Table

Achevé d'imprimer par Ouest Impressions Oberthur
35000 Rennes - N° 8639 - octobre 1988

Loi n° 49-956 du 16 juillet 1949 sur les publications destinées à la jeunesse.
Dépôt : octobre 1988

THE TENNIS PLAYER ANI

CONTENTS

THE TENNIS PLAYER AND THE YOGI

Chapter 1: Closed Eyes

The shrill ring of the heart monitor broke the silence. Red lines jumped erratically across the screen as two nurses rushed into the emergency room.

Coach Steve took his final labored breaths, a

respirator strapped to his face. His wife and daughter stood beside me, watching helplessly. Only hours earlier, he'd been in good spirits, hopeful about his recovery.

But now his skin flushed bright red. His veins bulged, and his eyes locked onto the young nurses with fear. One nurse fiddled with the

machine, trying to silence the beeping. The other hovered at his side, gently coaxing him. "Big, slow breaths," she said as she tried to calm him down.

Coach Steve grabbed her wrist and began tugging violently. The nurse screamed in pain, her arm no match for his desperation. His wife turned

their five-year-old daughter away from the scene, shielding her from what was coming.

A deep, wet cough burst from Coach Steve's chest as blood splattered the inside his oxygen mask. His hand dropped limp as the monitor went flat.

Three more nurses rushed in. The one whose wrist had been crushed looked at me and asked,

"Are you family?"

"No," I replied.

"Then you need to leave," she said firmly.

After thirty years at the Summerhill Country Club, my junior tennis coach was dead. I met him when I was six. He had always been a heavy smoker, so the cancer wasn’t a surprise. As I started to advance deeper into tournaments and started competing at ATP Future events, his smoking habits became much worse.

Tears rolled down my eyes as I walked down the hospital hallway.

A strange question struck me as I made my way through the cold parking lot in the middle of the night:

"What lies behind the darkness of closed eyes?"

At home, I collapsed into bed just before 4 a.m. I had practice at noon, so I set an alarm for 11. As I drifted off, one question floated in my mind:

Who would replace Coach Steve?

Chapter 2: The Fly

The next day, I arrived early to practice. Stan Johanson, the lanky 6’3” Swede, was already rallying with Mary and Martha Zou—the #1 under-18 doubles team in Canada. The twins didn’t speak much English.

I quietly joined them, not feeling chatty. The others knew Coach Steve had been sick, but none of them knew he'd passed—only I had been there.

After a few minutes of hitting, I turned to Stan and said in a flat voice, "Hey. Steve died last night."

He froze mid-rally. “Dam dude, that really sucks,” he muttered.

We approached the net and tried to explain to the twins. They didn’t understand until I pulled out my phone and translated it. When they realized, they looked down in silence, unsure how to respond.

We resumed hitting. The grief felt like a fog, heavy and surreal.

Just before practice officially began, a tall, bald man bearing Atlantian shoulders entered the court. He didn’t say a word. Instead, he sat cross-legged on the bench—like a monk.

Five minutes later, a deep, commanding voice cut through the court:

"That's enough warm-up. Please group in."

We turned. He stood right behind us—a towering man with a snow-white beard, dark amber eyes, and

caramel skin. He must've been nearly seven feet tall.

"My name is Rishi," he said.

"Today, I will coach you. I will be teaching you yoga. This will be your only lesson with me."

Stan chuckled. "Yoga? What's that got to do with tennis?"

Rishi stared directly into him. Stan turned red and fell silent.

"You do not know what yoga is," Rishi said. "We are not doing poses. Today, we practice **Kriya Yoga**, the ancient art of aligning the body, breath, and soul. And yes—this will help your tennis."

He asked each of us to explain our forehand technique as if teaching it to a child. Stan and I went into technical detail. The twins spoke in Mandarin. Rishi nodded as if understanding every word.

Then he led us to the glass window overlooking the parking lot. A small fly

buzzed desperately against the glass.

"Observe," he said. "Here, we are witnessing a life or death struggle", as he pointed to the fly that was desperately trying to escape.

"This small fly is burning out the last of its short life's

energies in an attempt to fly through the windowpane.

The fly's philosophy is ***to try harder***. But it's not working, and its efforts offer no hope for survival.

Ironically, the struggle is part of the trap. It is impossible for the fly to ***try hard enough*** to break free

through the glass. This insect has staked its entire life on reaching its goal through ***raw determination and effort***.

Can you not see that ***the fly is doomed*** and that it will die here on the windowsill?"

He then pointed to the massive open doors at the

back of the court, which were often left open on humid days to let in extra air.

"Across this very room, 10 seconds of flying time away, ***the door is open***. Ten seconds of flying time, and this creature could reach the outside world it seeks.

With only a ***fraction of the effort*** now being wasted, it could be free of this ***self-imposed trap***.

The breakthrough possibility is there, and it would be **so easy**. Why doesn't this fly try another

approach, something ***dramatically different***?

How did it get so locked in on the idea that this particular route and determined effort offer the most promise for success?

What logic is there in continuing, until death, to seek a breakthrough with more of the same?"

He took another long pause and continued.

"***No doubt, if you asked the fly- this approach makes***

sense. Regrettably, it’s an idea that will ***kill it***. Trying harder is not necessarily the solution to achieving more.

It may not offer any real promise of getting what you want out of life. Usually, it’s

actually a ***big part of the problem***.

If you stake your hopes for a breakthrough on trying harder than ever, you may kill your chances for success."

Back on court, he said: “Your technique is decent, but your approach is flawed. Try this: loosen your grip—let the racquet almost fall from your hand—and swing only from your shoulder. Eliminate all tension.”

We did.

Immediately, something changed. The sound of the ball off our strings was cleaner and louder. Rallies stretched 20, 30 shots. We were hitting harder with less effort.

The twins laughed and clapped in Mandarin. Stan exclaimed, “Well, that’s absolutely fantastic.”

After one great shot, I said, “Oh my God, thank God this works!”

Rishi looked at me.

“Vincent. This is not God—it is science. God is simple. Religion is complex. Cultivate your **gratitude** **before** your blessings, not after- then you will have

true faith. Be grateful for every good thing you have boy."

He turned to Stan, who was whining and bickering after losing a point.

"When your lips stop moving, your mind starts working," said Rishi.

"But he's a pusher," Stan snapped. "How is he winning?"

Rishi calmly replied:

"The faults you see in others are a reflection of yourself. Focus on what you can control."

Stan fell silent—and beat me in the next drill.

Chapter 3: One Thing

For the next thirty minutes, we practiced forehands. Then Rishi gathered us again.

Now that we had confidence in his coaching abilities, we were eager to

learn any other techniques he had for us.

But he had a different idea.

"You will not learn something new today. You will master one thing only. The forehand. The sun's rays do not burn until they come to a focus."

We drilled until our control was surgical—sharp angles, deep power, smooth rhythm. It felt effortless.

During a water break, Rishi approached Stan and me.

“You two should play doubles together,” he said.

"We play singles," Stan replied.

"You may go further together than alone," said Rishi. "**We are all angels with one wing—we can only fly when we embrace each other.**"

One year later, Stan and I won the Canadian U-18

doubles championship in Montreal.

Back at practice, we ran cross-court drills.

Afterward, Rishi asked where we planned to go for college. Stan sighed. “I just pray I get in somewhere good.”

Rishi nodded. “There is a science to prayer,” he said.

“You don’t send random letters of the alphabet in a text message to a friend and expect a reply. A prayer must be clear. If you don’t know where you want to go, how will God know?”

At the end of practice, Rishi stood before us one last time. His voice softened.

“Do not fear what lies behind the darkness of closed eyes. Let your former tennis coach rest in peace. It is very likely the dead are near us, but they have their own work to do, and their own problems to solve. It is unlikely we can help them,

and unlikely that they can help us. Let them be. Let the dead bury the dead. Leave misery behind and go make good.

Worrying is a terrible use of the imagination."

And with that, the Yogi left.

THE END

What Is a Yogi?

A **Yogi** is a person deeply dedicated to the spiritual discipline of **Yoga**, especially the ancient path beyond physical postures. In Eastern tradition, a yogi seeks inner peace, enlightenment, and unity with the divine through meditation, breath control, and ethical living. Some yogis are monks, some are

sages, and some are teachers like Rishi—masters of both the spiritual and physical realms.

Printed in Dunstable, United Kingdom

63953498R00031